# HOW HORNY

## iS THAT THEN?

# NICKEN – LÄCHELN

# ARSCHLOCH

# DENKEN!

» NETT «
KANN ICH AUCH,
BRINGT ABER
→ NIX!

ICH BIN NICHT ZICKIG!
DAS IST NUR MEINE SPONTANE,
FREILAUFENDE, EMOTIONALE KREATIVITÄT
DU ARSCH.

ICH BRAUCHE KEINEN

**MITTELFINGER,**

ICH KANN DAS MIT

**DEN AUGEN.**

# ICH WOLLTE

## DIESES JAHR → 10 KG

# ABNEHMEN.

## FEHLEN NUR NOCH 14.

# KANN MAL JEMAND DIE WELT ANHALTEN, ICH MÖCHTE AUSSTEIGEN!

## MIR IST SCHLECHT!

DA MUSS ICH ERST MAL EINE NACHT DRÜBER FEIERN.

NÜCHTERN BETRACHTET, WAR ES BESOFFEN BESSER.

NIMM DAS LEBEN NICHT SO **ERNST**, DU KOMMST DA EH NICHT **LEBEND** RAUS.

BEVOR ICH **AUFREGE** MICH JETZT ISSES MIR LIEBER **EGAL!**

DIE GANZE WELT IST
EIN IRRENHAUS,
→ ABER HIER IST ←
DIE ZENTRALE.

WENN EINE SCHRAUBE LOCKER IST, HAT DAS LEBEN EIN BISSCHEN MEHR SPIEL.

# ICH FÜHLE MICH KRANK!

## ICH GLAUBE, ICH HABE MONTAG!

ICH HAB NACHGEMESSEN: DAS WOCHENENDE WAR ZU KURZ.

ICH BIN NICHT
VERSAUT,
ICH BIN
MORALISCH
FLEXIBEL.

# LOGIK WIRD DICH VON A NACH B BRINGEN.

# PHANTASIE WOHIN DU WILLST.

# NOW

## WE HAVE THE SALAD!

WITH ME IS NOT GOOD

CHERRY

EATING!

>> SEI GLÜCKLICH. <<
DAMIT PROVOZIERST
DU SIE ALLE
AM MEISTEN!

LÄCHLE

DU KANNST SIE NICHT

ALLE TÖTEN.

„MUSS ICH IRGENDWAS MITBRINGEN?"

„NUR GUTE LAUNE." HAB DANN ABGESAGT.

# FRÜHER HATTE ICH ELAN.

# HEUTE HABE ICH WLAN.

## IST AUCH OK.

# WENN DAS DIE LÖSUNG IST, WILL ICH MEIN PROBLEM ZURÜCK!

# UND?

# LÄUFT!

AUFRÄUMEN KANN JEDER, EIN GENIE ÜBERBLICKT DAS CHAOS.

ICH DENKE,
WIR ZWEI WÄREN
DAS PERFEKTE
DURCHEINANDER.

MANCHMAL LÄUFT MEINE MOTIVATION NACKIG MIT 'NEM COCKTAIL ÜBER DIE WIESE.

ICH FÜHLE MICH, ALS KÖNNTE ICH BÄUME AUSREISSEN! ALSO, KLEINE BÄUME. VIELLEICHT BAMBUS. ODER BLUMEN. NA GUT. GRAS. GRAS GEHT.

# ICH HABE KEINE MACKEN, DAS SIND SPECIAL EFFECTS!

WENN DU HEISSER BIST ALS ICH ...

... BIN ICH DANN COOLER?!

# DAS HABE ICH SCHON VERSTANDEN!

## IST MIR NUR EGAL.

# KRITIK ZUR KENNTNIS GENOMMEN. IGNORIERVORGANG WIRD EINGELEITET.

(DER LECK-MICH-VORGANG WIRD IN KÜRZE GESTARTET.)

# HOLD YOUR EARS STIFF!

# LIFE IS NO SUGARLICKING!

# ICH HASSE WARTEN.

EGAL WANN, EGAL WIE,
EGAL WO, EGAL WORAUF!

AUFWACHEN.
ZUR COUCH TAPSEN.
REKELN.
WEITERSCHLAFEN.
ICH WÄRE EIN
TOLLES HAUSTIER.

EIN GANZER SCHRANK VOLLER NIX ZUM ANZIEHEN.

DIE SCHUHE HABEN »MAMA« ZU MIR GESAGT.

# SHiT HAPPENS

# HAPPENS

## BUT LiFE GOES ON.

MIT NUR **12 % AKKU** DAS HAUS VERLASSEN. MAN MUSS IM LEBEN AUCH MAL **WAS RISKIEREN!**

DU HAST ZWAR RECHT, ABER ICH FINDE MEINE MEINUNG TROTZDEM BESSER.

# WENN ICH DIR RECHT GEBE, LIEGEN WIR BEIDE FALSCH.

# URLAUB

→ KÖNNTE ICH ←

HAUPTBERUFLICH MACHEN.

KENNST DU DAS, WENN DU MORGENS AUFSTEHST UND

TOPFIT BIST?

»ICH AUCH NICHT.«

# DENKEN IST WIE GOOGELN NUR KRASSER!

ICH BIN NICHT DOOF,
ICH HABE NUR
PECH BEIM DENKEN.

# THAT GOES AWAY LIKE SCHMIDTS CAT!

# SOORRY

MY ENGLISCH
iS UNDER ALL PiG!

# ICH MUSS NICHT IMMER IM »MITTELPUNKT«

STEHEN. SITZEN IST AUCH OK.

# ICH BIN NICHT EINGEBILDET. MICH GIBT ES WIRKLICH!

**ISBN 978-3-86229-455-8**

Grafik Werkstatt „Das Original" GmbH & Co. KG  ·  Stadtring Nordhorn 113  ·  D-33334 Gütersloh
www.grafik-werkstatt.de